UN PÈLERINAGE AU BORD DE LA BÉRÉSINA

La découverte fortuite d'objets enfouis depuis 84 ans au fond de
la Bérésina vient de rappeler l'attention, en Russie comme en
France, sur les épisodes fameux auxquels les bords de cette rivière ont servi de théâtre. L'occasion n'est-elle pas bonne de faire
vers ces lieux historiques une sorte de pèlerinage, de parcourir
pas à pas l'étape qui, pour tant d'hommes, fut la dernière et qui
parut un instant mener à l'abîme la Grande-Armée tout entière ?
Pour entraîner le lecteur dans cette course, donnons-lui un guide
sûr, faisons-lui suivre l'officier d'état-major russe qui partait na-
guère de Vilna pour accomplir cette même reconnaissance. Sa très
intéressante relation, publiée par l'*Istoritcheskii Vestnik* nous four-
nira le cadre où nous rangerons quelques souvenirs épars dans de
vieux livres ou même entièrement inédits.

La Bérésina, affluent du Dniéper, coule du nord au sud dans
une région aux faibles reliefs et de caractère marécageux ; traversant d'abord la Russie blanche, elle finit sur les confins de l'aqua-
tique et mystérieuse Polésie. Nous l'atteindrons, en partant de
France, à l'aide de la voie ferrée Varsovie-Moscou qui, passant
d'abord à Minsk, touche ensuite au point qui fut en 1812 comme
le pivot de toutes les opérations du passage, à Borisof.

Le voyageur qui descend sur le quai en entendant crier : « Borisof ! » cherche vainement la ville autour de la gare ; trois verstes
l'en séparent encore ; il les parcourt le long d'un chemin sablon-
neux que bordent d'abord des casernes neuves, celles de régiments

nouveaux eux-mêmes[1], le 49e dragons *l'ille-d'Arkhangelsk* et le 50e dragons *d'Irkoutsk*; puis ce sont des rues basses et misérables, un commencement de faubourg que l'attraction des casernes a fait surgir; un bois de sapins; les restes d'un retranchement couverts d'arbres et presque entièrement dérobés aux yeux. Ce retranchement, construit en 1813, s'élève à l'emplacement de la tête de pont qui existait antérieurement; cette tête de pont, d'un profil plus faible, fut presque entièrement ruinée dans le combat du 21 novembre 1812. On sait qu'à la suite de ce combat, la brigade polonaise Bronikovski dut repasser sur la rive gauche de la Bérésina, que les troupes de Tchitchagof, venues de Minsk, franchirent le fleuve et s'installèrent temporairement dans Borisof; toutes les difficultés du passage n'ont été que des conséquences de ce premier épisode.

La gorge du retranchement a vue sur la ville et sur les hauteurs de la rive gauche. Ce paysage vaut bien un regard; nous sommes au printemps, les champs de terre noire commencent à verdir; à nos pieds, la rivière se divise et serpente autour d'îles herbeuses et basses. Aujourd'hui, comme en 1812, de nombreux troupeaux d'oies sauvages paissent au bord du fleuve. Brandt raconte que les cavaliers de Grouchy et les Polonais de la légion de la Vistule, passant à Borisof au mois d'août 1812, organisèrent autour de la ville une vaste battue; chaque soldat mit le soir une oie à la broche, et cependant, écrit Brandt, « nous n'observâmes pas de diminution dans le nombre des bandes que nous faisions lever de toutes parts en avançant ».

Un pont, ou plutôt un système de ponts et de digues dont le développement total atteint 750 mètres, conduit d'île en île jusqu'à la rive gauche; à vingt mètres en amont, parallèlement à cette première ligne, une file de chevalets calcinés et pourris marque encore par endroits la trace du pont détruit en 1812. La ville n'est qu'une de ces bourgades russes qui, de l'Oural à la Vistule, du Dniester à la Volga, paraissent toutes semblables et interchangeables. Selon la règle commune, la prison est ce qu'on aperçoit

---

1. Ces régiments, formés l'année dernière, recevaient leurs étendards de la main du général Trotzki, le 3/15 octobre 1896, sur la place de Borisof.

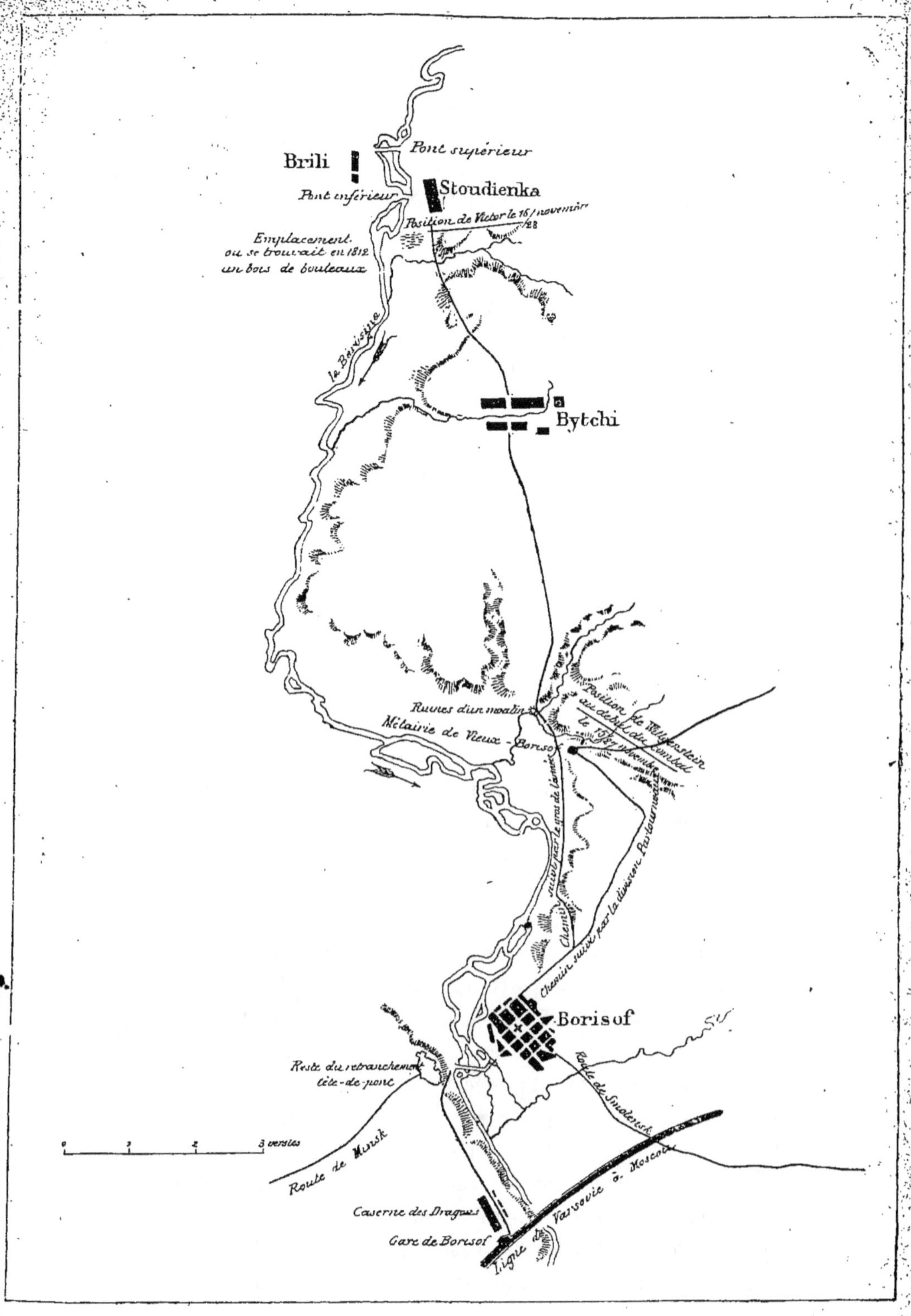

LE COURS DE LA BÉRÉSINA DE BORISOF A STOUDIENKA.

D'après l'*Istoritcheskii Vestnik* (livraison d'avril 1897).

d'abord. Elle occupe un îlot formé par un petit affluent de la Bérésina ; sur cet emplacement même s'élevait autrefois un fortin construit au temps de la guerre suédoise, car, par une coïncidence remarquable, Napoléon et Charles XII ont, l'un après l'autre, dans des circonstances également tragiques, visité Borisof ; leurs carrières s'y croisent et leurs souvenirs s'y mêlent.

L'église de pierre est au centre de la petite ville. Rien ne signale la maison de bois où Napoléon s'arrêta le soir du 25 novembre et où il s'absorba longuement dans la contemplation de la carte. Mais marquons nous-même ici un temps d'arrêt ; nous sommes en un point de vue central d'où nous pourrons jeter en arrière un regard sur les événements.

*
* *

Le 22 novembre 1812, la Grande-Armée n'était plus qu'à trois marches de la Bérésina. Par un temps de dégel, elle défilait sur la route de Smolensk à Borisof et réunissait en une seule colonne la Garde, ce qui restait du 4e corps (prince Eugène), du 3e (maréchal Ney), du 5e (prince Poniatowski), du 8e (Westphaliens). Le 7e corps (Junot) n'existait plus. Depuis Orcha où le 3e corps cerné, harcelé pendant trois jours et sauvé à la fin par l'énergie de son commandant, avait rejoint le gros de l'armée, Davout, avec le 1er corps, remplaçait Ney à l'arrière-garde.

Outre ce noyau principal perdu dans une masse d'isolés qui tantôt précédaient la marche et tantôt la suivaient, deux détachements importants flanquaient l'armée à grande distance ; c'étaient d'abord les 2e et 9e corps (Oudinot et Victor), demeurés l'un à Polotzk et l'autre à Smolensk pendant la marche sur Moscou ; réunis un instant devant Wittgenstein, ils se rabattaient en ce moment au sud pour se joindre à l'armée avant le passage de la Bérésina ; c'était enfin la division polonaise de Dombrowski, chargée dans le principe de garder Minsk et Borisof ; mais, rejetée d'abord sur la Bérésina et battue au bord de cette rivière, elle venait justement, le 22 novembre, de manquer à sa double tâche.

La répartition des forces russes répondait à celle des forces françaises. L'armée de Koutousof suivait la colonne principale ;

Wittgenstein, après plusieurs rencontres où il avait profité de la mésintelligence existant entre Oudinot et Victor, s'était retranché quelque temps derrière l'Oula; — cette rivière se jette dans la Dwina; elle communique d'ailleurs par le canal de Lepel avec la Bérésina et fait ainsi partie de cette ligne brisée, mais continue, que Napoléon avait à franchir. — Sortant maintenant de cette ligne, Wittgenstein marchait derrière Oudinot et Victor.

Enfin Tchitchagof, posté pendant longtemps sur le Bug avec l'*armée de Valachie*, s'était trouvé relevé de sa garde après la paix conclue avec le sultan; remontant au nord et traversant sans encombre la Volhynie soi-disant gardée par les Autrichiens, alliés de Napoléon, il avait gagné Minsk et refoulé Dombrowski vers Borisof. Ainsi la Grande-Armée se trouvait inscrite dans un triangle dont trois masses ennemies occupaient les trois sommets, proches respectivement du Dniéper, de la Dwina et de la Bérésina.

C'est le 22 novembre, au milieu de la journée, que le problème du passage se trouva posé pour la première fois : l'Empereur reçut au village de Lochnitza la nouvelle que la tête de pont de la rive droite était perdue, les Polonais rejetés vers lui en pleine déroute, les troupes de Tchitchagof établies dans Borisof.

Il fallait soit reprendre le pont de Borisof, soit en jeter un autre dans les environs. L'Empereur, après avoir lu la dépêche qui l'avertissait du désastre, entra dans une chaumière pour examiner la carte; entouré de plusieurs généraux, il provoqua et discuta leurs avis.

Le général Dode, qui connaissait le cours de la Bérésina, affirma qu'on trouverait la rivière de moins en moins franchissable à mesure qu'on descendrait plus bas en aval de Borisof, cette région étant — elle l'est encore — boisée et marécageuse; son opinion fut qu'on devait remonter la rivière jusqu'à sa jonction avec l'Oula, la franchir à gué et rentrer à Vilna par la route de Gloubokoé.

L'idée de Jomini, de passer la rivière droit devant soi un peu au-dessus de Borisof, devait plaire davantage à l'Empereur, car il répugnait au détour par Vilna et songeait encore à passer par Minsk, ville qui se trouvait pour lui sur la ligne droite de Varsovie et qui contenait des approvisionnements abondants.

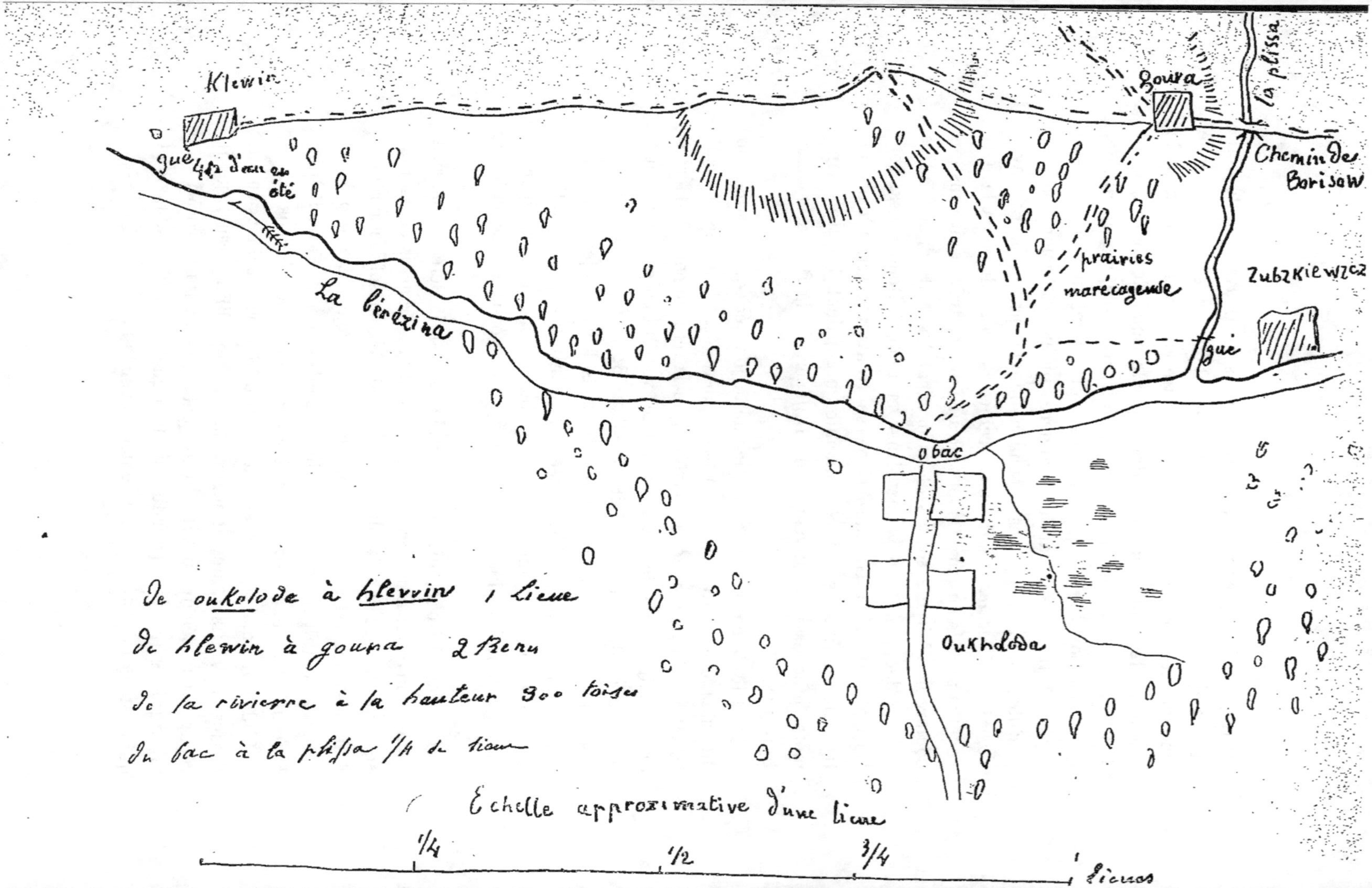

Klewin
gué
quelqs d'eau en été
La bérézina
Goura
la plissa
Chemin de Borisow
Zubzkiewicz
prairies marécageuse
gué
o bac
Oukholoda
De oukolода à hlewin   1 Lieue
De hlewin à goura   2 Reru
De la rivierre à la hauteur 300 toises
Du bac à la plissa 1/4 de lieue
Echelle approximative d'une lieue
1/4   1/2   3/4   1 Lieues

Les événements seuls pouvaient indiquer si l'une de ces solutions était encore possible et laquelle ; dans tous les cas, la première tentative à faire devait évidemment être dirigée sur Borisof. Nous avons dit qu'Oudinot était en marche vers cette ville ; l'Empereur lui envoya l'ordre de la reprendre et, s'il n'y parvenait pas, de chercher un passage dans les environs. C'est ainsi que toute la préparation de l'opération échut à Oudinot et aux troupes du 2e corps.

* *

« Le passage de la Bérésina n'était pas une tentative désespérée », a dit Gourgaud dans sa réfutation de l'ouvrage de Ségur ; cette observation revient à l'esprit quand on examine les phases antérieures à la construction des ponts, en négligeant pour un instant les épisodes tragiques de la fin du passage ; on a alors devant soi une opération régulièrement conçue, étudiée, exécutée, précédée de reconnaissances, accompagnée d'une démonstration ; tout dans cette affaire, et jusqu'à la collaboration du hasard — la découverte du gué de Stoudienka[1] par Corbineau, — tout est conforme aux règles. Suivons donc cette marche enchaînée des idées et des faits par laquelle peu à peu le problème se précise et se résout.

Le 23 au matin, le 2e corps, marchant vers Borisof en exécution des ordres de l'Empereur, est rallié par la brigade Corbineau, revenue de Gloubokoé et qui a traversé la veille la Bérésina au gué de Stoudienka ; il recueille et ramène le 6e régiment polonais. Le combat du 23 repousse les Russes de position en position jusque dans Borisof ; ils repassent sur la rive droite en incendiant le pont.

Dans une lettre adressée au Major général le 24 novembre à 5 heures et demie du matin, Oudinot annonce qu'il a fait reconnaître les passages de Stoudienka, de Stadkof (entre Stoudienka et Borisof) et d'Oukholoda (à deux milles au-dessous de Borisof) ; il ordonnera des démonstrations dans la journée et jettera le pont pendant la nuit au point choisi. « Il n'ose garantir le succès de

---

1. *Stoudienka* est la transcription exacte du nom russe, qui se trouve déformé de cent manières dans les documents de 1812.

cette entreprise, quoique bien résolu à tout tenter pour la faire réussir. »

Deux rapports, relatifs à la reconnaissance d'Oukholoda, sont restés à la correspondance générale de l'armée. C'est d'abord celui du général de cavalerie Bordesoulle : chargé de côtoyer la rivière jusqu'à Bérésino d'en bas, il n'a pu s'acquitter de cette tâche ; il a dû jeter des ponts de rondins pour permettre à ses escadrons de passer sur les marais ; les routes sont impraticables à l'artillerie. La deuxième note, non signée, accompagne un croquis que nous reproduisons ; elle énonce que : « de Borisof à Oukholoda, il y a trois petites lieues. Le chemin dans la forêt est praticable ; les mares ne sont pas gelées, on peut les tourner. La rive gauche est plus élevée que la droite ; la largeur de la rivière est de 30 à 40 toises... À gauche du village, le terrain est peu favorable et marécageux. Le bord opposé est caché par des arbres... »

C'est sans doute au reçu de ces renseignements qu'Oudinot prend définitivement son parti ; il écrit à une heure de l'après-midi au Major général : « Je me suis décidé pour le point de Stuzianca où je compte effectuer mon passage dans la nuit suivante et demain matin... » Il parle ensuite des démonstrations qu'il ordonne et de celles que les Russes font devant lui. Au bas de la lettre, Oudinot ajoute de sa propre main : « Si L.[1] se décidoit à venir sur cette route — (probablement la route directe de Lochnitza à Stoudienka), — il seroit bien à propos que je le scusse, car alors rien ne pourroit nous mettre en retraitte si j'obtenois le succès de tenir un passage. On travaille à me tenir des matières prettes pour jetter mes ponts dans la nuit et mes trouppes seront prettes à executter même avant la construction desdits ponts. Je me propose de faire passer au gué la cavalerie ayant en croupe de l'infanterie légère et si elle fait comme hier j'attends des bons résultats. »

A 5 heures et demie du soir, « le passage est encore loin d'être assuré », ainsi qu'en témoigne une lettre du général Aubry, commandant l'artillerie du 2e corps ; celui-ci est depuis le matin devant Stoudienka, il envoie un croquis du gué et signale de nom-

---

1. Abréviation pour : le Major général.

Je n'ai pas pu juger de la direction que prend la chaussée; mais il y a du canon
du bois dans le bois de la côte. il y a aussi du canon a droite de la chaussée
a mi côte dans une éclaircie du bois entre la chaussée et le village.

a gauche de la chaussée et un plateau bien decouvert qui sera
surement couvert d'artillerie et qui aura un peu d'avantage sur la
position que nous serons obligés de prendre dans Stuzianka même.

CROQUIS DE LA RECONNAISSANCE DE STOUDIÉNKA ADRESSÉ LE 24 NOVEMBRE AU DUC DE REGGIO (Archives de la guerre).

breux partis ennemis dans les environs. Oudinot suspend son mouvement et demande des ordres.

Il semble que ce soit l'arrivée du général Éblé à Borisof — parti de Lochnitza à la fin de la journée, il a dû être dans Borisof avant minuit — qui ait forcé les dernières hésitations d'Oudinot. Le 25, dès la première heure du jour, « le sort en est jeté »; les pontonniers se dirigent vers Stoudienka; exténués déjà par quarante-huit heures de marche ininterrompue, ils se mettent sans repos à construire les chevalets et à forger les clameaux.

Les détails de l'établissement des ponts et les péripéties du passage sont trop connus pour que nous ayons à les reproduire ici. Donnons seulement un résumé rapide des mouvements exécutés par les troupes dans les journées des 26, 27 et 28 novembre.

Le 26, vers 1 heure de l'après-midi, le pont de droite était terminé; le 2e corps passa aussitôt dans l'ordre suivant: les divisions Legrand et Maison, puis les cuirassiers de Doumerc; il était suivi par les restes de la division Dombrowski. Deux bouches à feu qu'on fit rouler avec beaucoup de précautions sur le pont, réservé aux piétons, permirent d'engager tout de suite le combat sur la rive droite; on avait devant soi l'infanterie de l'avant-garde de Tchitchagof.

A 4 heures et demie du soir, le deuxième pont fut prêt; la garde, avec son artillerie, passa dans la soirée. A deux reprises, des chevalets se rompirent au pont de gauche et l'accès s'en trouva interdit pendant plusieurs heures; quant au pont de l'infanterie, il resta libre toute la nuit, les traînards dont la rive gauche était couverte restant passivement couchés près de leurs feux.

L'Empereur, avec le quartier général, passa le 27 au matin, suivi, dans la journée, par le 4e corps, le 3e, le 5e, le 8e et le 1er. Le 9e corps avait touché à Borisof le 27 au soir; le 28 au matin, il était déployé devant Stoudienka et formait autour du village un arc de cercle qui couvrait la route de Borisof, mais ne se développait pas au nord jusqu'à la Bérésina et laissait de ce côté un espace ouvert. C'est sur cette position que Victor combattit le 28 du matin au soir, pour ne passer lui-même qu'à la nuit close; et c'est pendant cette journée que les rives du fleuve devinrent le théâtre des scènes de désordre et de violence si souvent décrites. Tournons sans la relire cette page sinistre de notre histoire et reprenons, au point où nous l'avons interrompue, la description des lieux.

*
* *

Deux chemins, bientôt réunis en un seul, conduisent de Borisof à Stoudienka ; l'un longe la vallée à travers les prairies, l'autre escalade la hauteur. Le premier fut suivi en 1812 par le gros de l'armée ; le second, où la division Partouneaux s'engagea, la mena buter droit contre les troupes de Wittgenstein. Le ravin au fond duquel ce détachement français dut s'arrêter est aujourd'hui couvert d'une futaie ; d'en bas on distingue le contour net de la crête ; c'est l'obstacle que nos soldats exténués ne purent franchir.

L'erreur de Partouneaux a fait l'objet de nombreux commentaires ; on peut s'étonner qu'ils n'aient pas adouci la rigueur de la condamnation qui pèse sur cette mémoire, ni plaidé les circonstances atténuantes en faveur de ce malheureux général. « Partouneaux ne peut plus faire la guerre », écrivait Victor le 15 novembre. C'est de ce vieillard épuisé par ses blessures, soumis les 27 et 28 novembre à mille fatigues physiques et morales, qu'on réclamerait la lucidité et l'infaillibilité. Montrons au contraire par quelle série d'épreuves il arriva fatalement jusqu'à la perdition.

Pendant qu'Oudinot venait se placer en tête de la Grande-Armée, Victor rejoignait à Lochnitza la queue de la colonne. C'est là qu'il poste, le 26, la division Partouneaux chargée désormais de former l'arrière-garde. Tandis que Victor avec ses deux autres divisions marche vers Borisof et Stoudienka, Partouneaux doit attendre que le corps de Davout ait défilé ; il suivra ensuite vers Borisof. Il y trouvera la brigade de cavalerie du général Delaitre mise momentanément à sa disposition.

L'ordre de Victor prescrit en outre : de faire évacuer la ville par la masse des traîneurs et des bagages qui l'encombrent, et d'observer à la fois, dans trois directions différentes, Tchitchagof — Wittgenstein — Platof. Ces trois forces ennemies vont en effet converger en étreignant entre elles les troupes de Partouneaux.

Le 27 au soir ,la division serre vers Borisof et passe la nuit au bivouac. Le 28 au matin, la première brigade (général Camus) entre dans Borisof pour se joindre à la brigade de cavalerie et pour tenir tête aux troupes russes qui menacent de franchir la rivière sur le pont qu'elles ont réparé. Les deux autres brigades (Billard et Blamont) restent en position sur la route de Smolensk ; elles gardent un défilé, le ponceau jeté sur la petite rivière la Ska, et recueillent les traînards qui continuent de défiler.

Le commencement de la journée fut relativement paisible pour la division ; mais vers midi, un reflux de traînards venus de Stoudienka persuada Partouneaux qu'il était coupé du reste de l'armée. Il s'écarta un instant de Borisof pour se rapprocher des brigades demeurées sur la route de Smolensk ; pendant ce temps, les Russes franchissaient le pont ; le général Camus, leur cédant la place, s'écartait, sans combattre, par la route de Stoudienka et prenait position sur le plateau qui est immédiatement au nord de Borisof. Le 44e régiment d'infanterie (brigade Billard), entrant à son tour dans la ville, engageait le combat et, par une vigoureuse charge à la baïonnette, refoulait l'ennemi jusqu'au pont.

Après quelques heures d'une lutte sanglante, la brigade Billard avait rejoint la brigade Camus, toujours arrêtée aux portes de Borisof ; la brigade Blamont venait combattre à son tour dans la ville, puis elle en sortait comme avaient fait les deux autres, et les relevait sur leur position. Celles-ci marchaient alors en échelons par la route de Stoudienka ; arrivées à la croisée des chemins, *elles prirent celui de droite*, sans doute au hasard ; mais dix années après, Partouneaux ne doutait pas que ce ne fût le bon. « A droite est la route de Weselewo, écrit-il dans ses *Explications* ; elle avait conduit l'armée à hauteur des ponts établis à Studzianca. A gauche est un chemin de traverse sur lequel s'était précipitée une masse de traîneurs en désordre, et que suivait un grand nombre de bagages. »

Quelques instants après, la colonne rencontrait l'ennemi à cheval sur la route et le combat s'engageait ; mais donnons ici la parole au général lui-même :

« ... Il était nuit close ; nous étions pressés, encombrés par d'immenses bagages, et par une foule de traîneurs la plupart sans armes et dans un état de misère et de démoralisation que rien ne peut décrire : resserrés à notre droite par la montagne qu'occupe l'ennemi, à notre gauche la Bérésina et l'ennemi, l'ennemi devant nous, l'ennemi sur nos derrières; les boulets nous traversant de tête en queue ! Dans cette situation vient par la tête de ma colonne un parlementaire ennemi qui me somme de me rendre au nom du général Wittgenstein. Ce général avait suivi une marche parallèle à celle de notre armée, était venu établir son quartier général à moins d'une demi-lieue de Borisof; ses troupes couronnaient toutes les hauteurs à notre droite; il avait détaché le comte de Stinghel avec 18,000 hommes et soixante pièces de canon sur la route entre moi et le reste de l'armée dont deux lieues encore me séparaient. Je répondis au parlementaire : « Je ne veux point me « rendre; je ne puis vous renvoyer dans ce moment; vous serez té- « moin des efforts que nous allons faire pour nous ouvrir un pas- « sage. » Bientôt à travers cette foule m'arrive l'aide de camp du général Camus, qui m'annonce que le pont de Studzianka, qui doit nous réunir à l'armée, est en feu. Ce rapport de mon général d'avant-garde, qui restait stationnaire en attendant mes ordres, mit le comble à nos maux; songeant pourtant encore à échapper, je renvoyai le capitaine Rocheix à son général pour lui ordonner de chercher, à la faveur de la nuit, à passer la Bérésina, soit en la remontant, soit en la descendant, à gué ou à la nage; je le faisais prévenir en même temps que j'allais me diriger sur la droite, à la tête de la brigade Billard; un officier que j'envoyai au général Delaitre pour l'avertir de ce mouvement fut tué avant qu'il eût atteint ce général. A la tête de la brigade Billard, je gravis la montagne où bientôt je rencontre l'ennemi; le prenant dans l'obscurité pour les troupes du général Blamont que, d'après mes ordres, je devais trouver dans cette direction et avec qui j'aurais exécuté mon projet de remonter la Bérésina, j'ordonnai de ne pas tirer : à cette hauteur, je rencontrai le colonel Sainte-Suzanne, séparé par une charge de l'ennemi, avec trois compagnies, du reste de ses deux bataillons que le général Camus avait détachés sur la droite pendant l'attaque. Il se rallie à la brigade Billard; nous trouvant face à face avec les Russes, nous les traversons sans tirer et nous continuons à marcher en silence. Après avoir erré plusieurs heures sur des marais, des lacs, à travers les bois, suivis, harcelés par des Cosaques qui avaient découvert notre marche; entourés de toutes parts des feux de l'ennemi ; exténués de faim, de fatigue et de froid ; près d'être engloutis par un lac à peine gelé que la neige et la nuit avaient caché à nos yeux, nous déposâmes les armes. »

On voit, de l'aveu même du général, dans quel désordre s'acheva cette affaire. Cependant Blamont, resté seul en arrière, avait reçu de Partouneaux l'ordre d'envoyer un bataillon « longer la route de droite ». Il envoya en effet, vers l'avant, le bataillon du commandant Joyeux ; arrivé à la bifurcation, celui-ci prit la route de *gauche*, et se sauva par ce moyen. Comme *moins* par *moins*, en algèbre, donne *plus*, l'erreur de Joyeux corrigeait ici celle de Partouneaux.

Blamont marchant à son tour vers le gros de la division, la rejoignait au moment où Partouneaux, avec les débris de la brigade Billard, gravissait la pente de droite et disparaissait sur la hauteur. Le sol était jonché de traînards à demi morts ; quelques officiers — le général de cavalerie Delaitre, le commandant d'artillerie Sibille, le capitaine *Rochex* ou *Castex*[1] — conversaient entre eux sur le sujet de l'incendie des ponts. La nuit se passa pour eux dans l'attente de nouvelles et de secours ; ils capitulèrent au petit jour.

Les circonstances seules ont pu faire de l'erreur de Partouneaux une si grave affaire et mettre le salut à gauche, la perte à droite, car le chemin du haut et celui du bas se réunissent de nouveau à la métairie de Vieux-Borisof. Nous retrouvons en ce point la trace de l'Empereur ; il passa la nuit du 25 au 26 à Vieux-Borisof ; le domaine appartenait alors au prince Radziwill[2]. L'Empereur occupa la maison de l'intendant, baron Korsach ; cette maison de bois à un seul étage n'était ni décorée ni crépie intérieurement[3] ; aussi montra-t-on dans la suite aux visiteurs les noms de

---

1. Les mémoires relatifs à cette affaire dénaturent à dessein le nom de cet officier — voir plus haut l'ordre du général Partouneaux ; — envoyé à la découverte par le général Camus, il répandit au retour la fausse nouvelle que les ponts étaient brûlés et se trouve ainsi responsable de la passivité avec laquelle on attendit le dénouement ou des vaines tentatives qu'on fit *vers la droite*.

2. Il appartient aujourd'hui à S. A. I. le grand-duc Nicolas Nicolaïévitch.

3. Sans doute parce qu'elle était neuve ; les maisons de bois se lassent lentement et l'amplitude de cette variation est considérable ; il faut les *attendre* avant de les achever.

plusieurs personnes de la suite impériale gravés au couteau sur une poutre.

Au delà de la métairie, on rencontre les ruines d'un petit moulin ; ce moulin brûla le 28 novembre 1812 ; c'est peut-être cet incendie que le capitaine *Rochex* — par quelque phénomène d'auto-suggestion — prit de loin pour l'incendie des ponts.

Une pente raide conduit sur un plateau alterné de champs et de bois. Le village de Bytchi une fois traversé, on marche une verste et demie sous bois, on dépasse une briqueterie ; un petit pont, jeté sur un ruisseau marécageux, mène à la position que Victor occupait le 28 novembre. Elle est en grande partie couverte d'arbres plantés depuis 1812 ; par contre, le bois de bouleaux qui en marquait la droite a disparu.

Entrons enfin dans Stoudienka et là recueillons directement, de la bouche des paysans, quelques renseignements sur les fouilles exécutées l'été dernier au fond de la rivière. La drague, qui travaillait depuis le commencement de l'été dans la partie supérieure du cours, vint au mois d'août approfondir le chenal devant Stoudienka même. Le limon superficiel une fois enlevé, les augets de la machine ramenèrent au jour une boue noire qu'on reconnut être de la poudre décomposée ; cette couche charbonneuse atteignait, dans le lit de la rivière, une épaisseur de $0^m,35$. On découvrit ensuite des ossements d'hommes et de chevaux ; des fusils, sabres, lances, casques, éperons ; des pièces de monnaie ; deux icones et une cuiller rituelle pour la communion orthodoxe. Ces objets, mis sous scellés, furent envoyés à Pétersbourg, au musée d'artillerie.

Si l'on en croit les gens de Stoudienka, une bonne part des objets trouvés a été tout d'abord détournée de cette destination officielle. Une *lunette* d'or — la description faite de cette lunette donne à croire que c'est un sceau — fut achetée sept roubles par un juif employé à la briqueterie, lequel ne fit probablement pas une mauvaise affaire ; un propriétaire des environs acquit de même une paire de pistolets, etc...

Les paysans, experts en la question, car ils trouvent incessamment dans les champs des débris qu'ils recueillent ou qu'ils revendent, considèrent qu'au total les dernières découvertes sont sans importance. Ils racontent qu'autrefois on ramassait au fond de la rivière mille et mille objets ; tout d'un coup cette mine précieuse se trouva fermée : voici comment. Par une saison de sécheresse plusieurs radeaux descendus des sources de la Bérésina s'arrêtèrent, faute d'eau, juste sur l'emplacement du passage ; ils vinrent reposer sur le fond, s'y enlisèrent dans le sable et la vase, et formèrent depuis lors une sorte de couvercle que la drague n'a pas pénétré.

Grâce à cette circonstance singulière, l'exploration scientifique de la Bérésina n'a pu encore être accomplie. Une seule fois, en 1813, une fouille systématique y fut exécutée sous la direction d'un officier des voies de communication. Cette fouille, extraordinairement fructueuse, ramena au jour un grand nombre de coffres, de malles, de sacs ; plusieurs étaient demeurés jusqu'alors imperméables à l'eau et contenaient des vêtements en parfait état de conservation. Des voitures, des pièces de canon furent tirées jusqu'au bord ; des armes, des objets d'équipement formaient au fond des amoncellements.

Le médecin wurtembergeois Roos, prisonnier depuis le passage de la Bérésina, a raconté les détails d'une course qu'il fit, à ce moment-là même, le long de la rivière ; il vit les quantités d'or, d'argent, de pierres précieuses, les bijoux, les montres que les soldats du détachement s'étaient partagés. Les propriétaires des environs acquéraient à bas prix ces trésors, et les juifs de Borisof en faisaient négoce.

Les armes et le harnachement étaient en quantités immenses ; tous les hangars de Vieux-Borisof regorgeaient de voitures et de fourgons. Le baron Korsach avait collectionné les armes de luxe ; il montra à Roos un tiroir entier plein de croix d'honneur françaises et de décorations appartenant à l'une ou l'autre des *vingt nations*.

On rechercherait vainement ces objets éparpillés aujourd'hui dans toute la Russie ; mais — en dépit d'un paradoxe apparent — l'étendue même de la perte que la fouille de 1813 fit subir à l'archéologie militaire laisse espérer que la Bérésina n'a pas livré tous ses trésors. En effet, il dut y avoir sur les lieux un excès de ces matières semblables entre elles pour un œil non exercé, et qui n'offraient pas d'intérêt en dehors de leur valeur marchande ; la *demande* s'interrompit bientôt, et avec elle les recherches. Si donc les objets précieux ont pu disparaître, les reliques militaires doivent abonder encore au fond du fleuve.

Les en voir extraites serait, pour les deux nations, Russie et France, du plus haut intérêt. Les environs immédiats du pont de gauche (celui où passaient les voitures et qui donna lieu à des accidents sans nombre) doivent être particulièrement riches; on aurait profit aussi à explorer la région intermédiaire entre les deux ponts (des hommes et des voitures y furent précipités au moment de la panique causée le 28 novembre par les boulets russes). On ne négligerait pas non plus de fouiller l'emplacement du pont supérieur, car ce pont servit pour les voitures après que les piétons eurent achevé de passer; on irait enfin au-dessous du gué recueillir les menus objets que le courant a fait dériver.

Dans quel avenir, par quelle initiative ou par quelle autorité ce vœu pourra-t-il être réalisé? Personne n'a qualité pour répondre à la question, et nous moins que personne; exprimons simplement l'espoir qu'une affaire si bien commencée recevra un digne couronnement et que d'autres heureuses nouvelles rappelleront bientôt l'opinion française vers la Bérésina. Aussi bien cette rivière n'est plus pour nous un obstacle et, loin qu'elle sépare comme en 1812 l'armée russe et l'armée française, il nous a paru récemment qu'elle les rapprochait.

Patrice MAHON,

Capitaine d'artillerie.

——

(Extrait du numéro d'avril 1897 du *Carnet de la Sabretache*.)

——

Nancy, imprimerie Berger-Levrault et Cie.